# *PIEPS, der Wellensittich*

Von Ilselore Turne
Illustriert von Eva Wenzel-Bürger



CARLSEN VERLAG · REINBEK BEI HAMBURG

Pieps ist ein Wellensittich. Meistens sitzt er in seinem Vogelbauer. Aber eines Tages ist die Tür seines Bauers geöffnet. Er schlüpft hinaus und fliegt durch das offene Fenster ins Freie.

Pieps ist vergnügt. Die Sonne scheint, und die Blumen blühen. Er flattert auf einen Baum und von dort auf den Zaun des Vorgartens. Von hier aus schaut er den Nachbarskindern zu, die im Sand spielen.

Da schleicht ein schwarzer Kater heran. Seine Augen funkeln. Er will Pieps fangen. Im letzten Moment erkennt Pieps die Gefahr und fliegt davon. Pieps hat noch einmal Glück gehabt.

Auf der Straßenkreuzung steht ein Polizist. Pieps setzt sich auf seine Mütze. Er ist das lange Fliegen nicht gewohnt. Der Polizist fuchtelt aufgeregt mit den Händen. Die Autofahrer wissen nicht, ob sie nun über die Kreuzung fahren dürfen oder nicht.

Es gibt ein großes Durcheinander. Autos hupen, Bremsen quietschen. Pieps bekommt Angst. Er flattert davon, ehe der Polizist ihn greifen kann. Der schimpft laut. Aber einige Autofahrer lachen.

Pieps flüchtet auf eine Tanne im nahen Stadtwald. Die Tiere, die hier leben, kennen den fremden Vogel nicht. Neugierig sehen ihn alle an: die Ente mit ihren Küken, der Tauber, das Mäuschen. Ein Schwarm frecher Spatzen schwirrt um Pieps herum. Auch das Eichhörnchen möchte wissen, was für ein fremder Vogel dort sitzt.

„Mit diesem komischen Vogel wollen wir nichts zu tun haben", schnattert die Entenmutter und ruft ihre Kinder zusammen. Das Eichhörnchen jedoch lädt Pieps zu einem Ausflug in den Wald ein. Aber Pieps fürchtet sich ein wenig vor ihm.

Es ist Abend geworden. Der Mond steht am Himmel. Die Sterne funkeln. Die Tiere sind schlafen gegangen. Nur Pieps sitzt immer noch auf der Tanne.

„Wäre ich doch nur in meinem Vogelbauer geblieben!“ denkt Pieps. Plötzlich blitzen zwei große, runde Augen vor ihm auf. Es ist die Eule.

„Was machst du denn hier?“ fragt sie.
„Ich bin von zu Hause weggeflogen, und jetzt finde ich nicht mehr zurück!“
Die Eule seufzt mitleidig.

Da hört Pieps seinen Namen rufen. Die kleine Inge und ihre Mutter suchen ihn. Pieps flattert ihnen entgegen und setzt sich auf Inges Hand.

Inge lacht, und Pieps zwitschert fröhlich. Behutsam trägt Inge ihren Wellensittich nach Hause und setzt ihn in sein Bauer mit den vollen Futternäpfen.
Pieps frißt und trinkt, bis er satt ist. Er setzt sich auf seine Schaukel und sieht Inge zufrieden an. Dann fallen ihm vor Müdigkeit die Augen zu.

3. Auflage 1983

100088306/20047
ISBN 3-551-03352-8 (Einzeltitel)
ISBN 3-551-05647-1 (Serie 47 in Kassette)

**POCKETGUIDE**

Das Wichtigste immer dabei! Diese Formelsammlung Mathematik bietet Studierenden der ingenieurwissenschaftlichen Fächer die wichtigsten Formeln für den täglichen Gebrauch im praktischen Westentaschenformat. Hier findet der Studierende für jedes Problem die richtige Lösung!

**Der Autor**
Prof. Dr. Bernd Luderer,
TU Chemnitz

www.gabler.de
www.vs-verlag.de
www.viewegteubner.de

ISBN 978-3-519-89156-7

## Griechisches Alphabet

| Name | Kleinbuchstabe | Großbuchstabe |
|---|---|---|
| Alpha | $\alpha$ | A |
| Beta | $\beta$ | B |
| Gamma | $\gamma$ | $\Gamma$ |
| Delta | $\delta$ | $\Delta$ |
| Epsilon | $\epsilon, \varepsilon$ | E |
| Zeta | $\zeta$ | Z |
| Eta | $\eta$ | H |
| Theta | $\theta, \vartheta$ | $\Theta$ |
| Jota | $\iota$ | I |
| Kappa | $\kappa$ | K |
| Lambda | $\lambda$ | $\Lambda$ |
| My | $\mu$ | M |
| Ny | $\nu$ | N |
| Xi | $\xi$ | $\Xi$ |
| Omikron | o | O |
| Pi | $\pi, \varpi$ | $\Pi$ |
| Rho | $\rho, \varrho$ | P |
| Sigma | $\sigma, \varsigma$ | $\Sigma$ |
| Tau | $\tau$ | T |
| Ypsilon | $\upsilon$ | $\Upsilon$ |
| Phi | $\phi, \varphi$ | $\Phi$ |
| Chi | $\chi$ | X |
| Psi | $\psi$ | $\Psi$ |
| Omega | $\omega$ | $\Omega$ |

# Inhaltsverzeichnis

# Integralrechnung

## Unbestimmtes Integral

Gilt für eine Funktion $F:(a,b)\to\mathbb{R}$ die Beziehung $F'(x)=f(x)$ für alle $x\in(a,b)$, so heißt $F$ *Stammfunktion* der Funktion $f:(a,b)\to\mathbb{R}$. Die Menge aller Stammfunktionen $\{F+C\mid C\in\mathbb{R}\}$ wird *unbestimmtes Integral* von $f$ auf $(a,b)$ genannt; $C$ ist die Integrationskonstante. Man schreibt $\int f(x)\,\mathrm{d}x = F(x)+C$ .

*Integrationsregeln*

Konstanter Faktor:

$$\int \lambda f(x)\,\mathrm{d}x = \lambda\int f(x)\,\mathrm{d}x,\ \lambda\in\mathbb{R}$$

Summe, Differenz:

$$\int [f(x)\pm g(x)]\,\mathrm{d}x = \int f(x)\,\mathrm{d}x \pm \int g(x)\,\mathrm{d}x$$

Partielle Integration:

$$\int u(x)v'(x)\,\mathrm{d}x = u(x)v(x) - \int u'(x)v(x)\,\mathrm{d}x$$

Substitution:

$$\int f(g(x))\cdot g'(x)\,\mathrm{d}x = \int f(z)\,\mathrm{d}z, \quad z=g(x)$$

Speziell $f(z)=\frac{1}{z}$:

$$\int \frac{g'(x)}{g(x)}\,\mathrm{d}x = \ln|g(x)|+C, \quad g(x)\neq 0$$

Lineare Substitution:

$$\int f(ax+b)\,\mathrm{d}x = \frac{1}{a}F(ax+b)+C$$

$(a,b\in\mathbb{R}, a\neq 0,\ F$ Stammfunktion von $f)$

## Tabellen wichtiger unbestimmter Integrale[1]

*Potenzfunktionen*

| | |
|---|---|
| $\int x^n \,\mathrm{d}x = \frac{x^{n+1}}{n+1}$ | $n \in \mathbb{Z},\ n \neq -1,\ x \neq 0$ für $n < 0$ bzw. $n \in \mathbb{R},\ n \neq -1,\ x > 0$ |
| $\int \frac{1}{x} \,\mathrm{d}x = \ln\lvert x\rvert$ | $x \neq 0$ |

*Exponential- und Logarithmusfunktionen*

| | |
|---|---|
| $\int a^x \,\mathrm{d}x = \frac{a^x}{\ln a}$ | $a \in \mathbb{R},\ a > 0,\ a \neq 1$ |
| $\int \mathrm{e}^x \,\mathrm{d}x = \mathrm{e}^x$ | |
| $\int \ln x \,\mathrm{d}x = x \ln x - x$ | $x > 0$ |

*Trigonometrische Funktionen*

| | |
|---|---|
| $\int \sin x \,\mathrm{d}x = -\cos x$ | $\int \cos x \,\mathrm{d}x = \sin x$ |
| $\int \tan x \,\mathrm{d}x = -\ln\lvert\cos x\rvert$ | $x \neq (2k+1)\frac{\pi}{2}$ |
| $\int \cot x \,\mathrm{d}x = \ln\lvert\sin x\rvert$ | $x \neq k\pi$ |
| $\int \frac{1}{\cos^2 x} \,\mathrm{d}x = \tan x$ | $x \neq (2k+1)\frac{\pi}{2}$ |
| $\int \frac{1}{\sin^2 x} \,\mathrm{d}x = -\cot x$ | $x \neq k\pi$ |

[1] Die Integrationskonstante wird stets weggelassen.

*Arkusfunktionen*

$$\int \arcsin x \, \mathrm{d}x = x \arcsin x + \sqrt{1-x^2} \qquad |x| \leq 1$$

$$\int \arccos x \, \mathrm{d}x = x \arccos x - \sqrt{1-x^2} \qquad |x| \leq 1$$

$$\int \arctan x \, \mathrm{d}x = x \arctan x - \frac{1}{2} \ln(1+x^2)$$

$$\int \operatorname{arccot} x \, \mathrm{d}x = x \operatorname{arccot} x + \frac{1}{2} \ln(1+x^2)$$

*Rationale Funktionen*

$$\int \frac{1}{1+x^2} \, \mathrm{d}x = \arctan x$$

$$\int \frac{1}{1-x^2} \, \mathrm{d}x = \ln \sqrt{\frac{1+x}{1-x}} \qquad |x| < 1$$

$$\int \frac{1}{x^2-1} \, \mathrm{d}x = \ln \sqrt{\frac{x-1}{x+1}} \qquad |x| > 1$$

*Irrationale Funktionen*

$$\int \frac{1}{\sqrt{1-x^2}} \, \mathrm{d}x = \arcsin x \qquad |x| < 1$$

$$\int \frac{1}{\sqrt{1+x^2}} \, \mathrm{d}x = \ln(x + \sqrt{x^2+1}) = \operatorname{arcsinh} x$$

$$\int \frac{1}{\sqrt{x^2-1}} \, \mathrm{d}x = \ln(x + \sqrt{x^2-1}) \qquad |x| > 1$$

*Hyperbelfunktionen*

$$\int \sinh x \,\mathrm{d}x = \cosh x \qquad \int \cosh x \,\mathrm{d}x = \sinh x$$

$$\int \tanh x \,\mathrm{d}x = \ln \cosh x$$

$$\int \coth x \,\mathrm{d}x = \ln |\sinh x| \qquad x \neq 0$$

*Areafunktionen*

$$\int \operatorname{arsinh} x \,\mathrm{d}x = x \operatorname{arsinh} x - \sqrt{1+x^2}$$

$$\int \operatorname{arcosh} x \,\mathrm{d}x = x \operatorname{arcosh} x - \sqrt{x^2-1} \qquad x > 1$$

$$\int \operatorname{artanh} x \,\mathrm{d}x = x \operatorname{artanh} x + \frac{1}{2}\ln(1-x^2) \qquad |x| < 1$$

$$\int \operatorname{arcoth} x \,\mathrm{d}x = x \operatorname{arcoth} x + \frac{1}{2}\ln(x^2-1) \qquad |x| > 1$$

## Nicht geschlossen darstellbare Integrale

$$\int \mathrm{e}^{-x^2} \,\mathrm{d}x \qquad \int \sin x^2 \,\mathrm{d}x \qquad \int \cos x^2 \,\mathrm{d}x$$

$$\int \frac{\sin x}{x} \,\mathrm{d}x = \operatorname{si} x \qquad \text{(Integralsinus)}$$

$$\int \frac{\cos x}{x} \,\mathrm{d}x = \operatorname{ci} x \qquad \text{(Integralkosinus)}$$

$$\int \frac{1}{\ln x} \,\mathrm{d}x = \int \frac{\mathrm{e}^y}{y} \,\mathrm{d}y = \operatorname{li} x \qquad \text{(Integrallogarithmus)}$$

## Integration gebrochen rationaler Funktionen

$$\int \frac{a_m x^m + a_{m-1}x^{m-1} + \ldots + a_1 x + a_0}{b_n x^n + b_{n-1}x^{n-1} + \ldots + b_1 x + b_0}\,\mathrm{d}x$$

Mithilfe von Polynomdivision und Partialbruchzerlegung (durch Koeffizientenvergleich) kann man die Integrale auf solche über Polynome und spezielle *Partialbrüche* zurückführen. Die wichtigsten Fälle letzterer besitzen folgende Integrale (Voraussetzungen: $x - a \neq 0,\ k > 1,\ p^2 < 4q$):

$$\int \frac{1}{x-a}\,\mathrm{d}x = \ln|x-a|$$

$$\int \frac{1}{(x-a)^k}\,\mathrm{d}x = -\frac{1}{(k-1)(x-a)^{k-1}}$$

$$\int \frac{\mathrm{d}x}{x^2+px+q} = \frac{2}{\sqrt{4q-p^2}}\arctan\frac{2x+p}{\sqrt{4q-p^2}}$$

$$\int \frac{Ax+B}{x^2+px+q}\,\mathrm{d}x = \frac{A}{2}\ln(x^2+px+q) + \left(B - \frac{1}{2}Ap\right)\int\frac{\mathrm{d}x}{x^2+px+q}$$

$$\int \frac{1}{(x^2+px+q)^{n+1}}\,\mathrm{d}x = \frac{1}{n(4q-p^2)} \cdot \left[\frac{2x+p}{(x^2+px+q)^n} + (4n-2)\int\frac{1}{(x^2+px+q)^n}\,\mathrm{d}x\right]$$

$$\int \frac{Ax+B}{(x^2+px+q)^n}\,\mathrm{d}x = -\frac{A}{2(n-1)(x^2+px+q)^{n-1}} + \left(B - \tfrac{1}{2}Ap\right)\int\frac{1}{(x^2+px+q)^n}\,\mathrm{d}x$$

## Einige nützliche Substitutionen

| Integrand | Bedingung | Substitution |
|---|---|---|
| $\sin^n x \cos^m x$ | $m$ ungerade | $t=\sin x,\ \cos^2 x=1-t^2$ |
| $\sin^n x \cos^m x$ | $n$ ungerade | $t=\cos x,\ \sin^2 x=1-t^2$ |
| $\sin^n x \cos^m x$ | $n, m$ gerade | $t=\tan x, \sin^2 x=\dfrac{t^2}{1+t^2}$ |
| $R(x,\ \sqrt[n]{ax+b})^*$ | | $x=\dfrac{1}{a}(t^n-b)$ |
| $R(\mathrm{e}^x)$ | | $t=\mathrm{e}^x$ |
| $R(x, \sqrt{x^2+a^2})$ | $a \neq 0$ | $x=a\sinh t$ |
| $R(x, \sqrt{x^2-a^2})$ | $a \neq 0$ | $x=a\cosh t$ |
| $R(x, \sqrt{a^2-x^2})$ | $a \neq 0$ | $x=a\sin t$ |
| $R(x, \sqrt{D})^{**}$ | $a>0$ | $\sqrt{D}=t-\sqrt{a}x$ |
| $R(x, \sqrt{D})$ | $c>0$ | $\sqrt{D}=xt+\sqrt{c}$ |
| $R(x, \sqrt{D})$ | *** | $\sqrt{D}=t(x-x_1)$ |
| $R(\sinh x, \cosh x)$ | | $t=\mathrm{e}^x$ |
| $R(\sin x, \cos x)$ | | $t=\tan\dfrac{x}{2}, \sin x=\dfrac{2t}{1+t^2}$ |
| $R\left(x,\ \sqrt[n]{\dfrac{ax+b}{cx+d}}\right)$ | | $t=\sqrt[n]{\dfrac{ax+b}{cx+d}}$ |

* $R(u,v)$ sei eine rationale Funktion von $u$ und $v$

** $D=ax^2+bx+c$

*** $D$ besitzt verschiedene reelle Wurzeln, darunter $x_1$

## Integrale rationaler und irrationaler Funktionen

$$\int (ax+b)^n \,\mathrm{d}x = \frac{(ax+b)^{n+1}}{a(n+1)} \qquad (n \neq -1)$$

$$\int \frac{1}{ax+b}\,\mathrm{d}x = \frac{1}{a}\ln|ax+b|$$

$$\int \frac{ax+b}{fx+g}\,\mathrm{d}x = \frac{ax}{f} + \frac{bf-ag}{f^2}\ln|fx+g|$$

$$\int \frac{x\,\mathrm{d}x}{ax^2+bx+c} = \frac{1}{2a}\ln|ax^2+bx+c| - \frac{b}{2c}\int \frac{\mathrm{d}x}{ax^2+bx+c}$$

$$\int \frac{\mathrm{d}x}{(a^2\pm x^2)^{n+1}} = \frac{x}{2na^2(a^2\pm x^2)^n} + \frac{2n-1}{2na^2}\int \frac{\mathrm{d}x}{(a^2\pm x^2)^n}$$

$$\int \frac{\mathrm{d}x}{a^3\pm x^3} = \pm\frac{1}{6a^2}\ln\frac{(a\pm x)^2}{a^2\mp ax+x^2} + \frac{1}{a^2\sqrt{3}}\arctan\frac{2x\mp a}{a\sqrt{3}}$$

$$\int \sqrt{(ax+b)^n}\,\mathrm{d}x = \frac{2}{a(2+n)}\sqrt{(ax+b)^{n+2}} \qquad (n\neq -2)$$

$$\int \frac{\mathrm{d}x}{x\sqrt{ax+b}} = \begin{cases} \dfrac{1}{\sqrt{b}}\ln\left|\dfrac{\sqrt{ax+b}-\sqrt{b}}{\sqrt{ax+b}+\sqrt{b}}\right| & \text{für } b>0 \\[2ex] \dfrac{2}{\sqrt{-b}}\arctan\sqrt{\dfrac{ax+b}{-b}} & \text{für } b<0 \end{cases}$$

$$\int \frac{\sqrt{ax+b}}{x}\,\mathrm{d}x = 2\sqrt{ax+b} + b\int \frac{\mathrm{d}x}{x\sqrt{ax+b}}$$

ATENA
Ein Unternehmen der ASSYSTEM Group

$$\int \sqrt{a^2 - x^2}\,\mathrm{d}x = \frac{1}{2}\left(x\sqrt{a^2 - x^2} + a^2 \arcsin\frac{x}{a}\right)$$

$$\int x\sqrt{a^2 - x^2}\,\mathrm{d}x = -\frac{1}{3}\sqrt{(a^2 - x^2)^3}$$

$$\int \frac{1}{\sqrt{a^2 - x^2}}\,\mathrm{d}x = \arcsin\frac{x}{a}$$

$$\int \frac{x}{\sqrt{a^2 - x^2}}\,\mathrm{d}x = -\sqrt{a^2 - x^2} \qquad (|x| < |a|)$$

$$\int \sqrt{x^2 + a^2}\,\mathrm{d}x = \frac{1}{2}\left(x\sqrt{x^2 + a^2} + a^2 \ln(x + \sqrt{x^2 + c^2})\right)$$

$$\int x\sqrt{x^2 + a^2}\,\mathrm{d}x = \frac{1}{3}\sqrt{(x^2 + a^2)^3}$$

$$\int \frac{1}{\sqrt{x^2 + a^2}}\,\mathrm{d}x = \ln\left(x + \sqrt{x^2 + a^2}\right)$$

$$\int \frac{x}{\sqrt{x^2 + a^2}}\,\mathrm{d}x = \sqrt{x^2 + a^2}$$

$$\int \sqrt{x^2 - a^2}\,\mathrm{d}x = \frac{1}{2}\left(x\sqrt{x^2 - a^2} - a^2 \ln(x + \sqrt{x^2 - a^2})\right)$$

$$\int x\sqrt{x^2 - a^2}\,\mathrm{d}x = \frac{1}{3}\sqrt{(x^2 - a^2)^3} \qquad (|x| \geq |a|)$$

$$\int \frac{1}{\sqrt{x^2 - a^2}}\,\mathrm{d}x = \ln\left(x + \sqrt{x^2 - a^2}\right) \qquad (|x| \geq |a|)$$

$$\int \frac{x}{\sqrt{x^2 - a^2}}\,\mathrm{d}x = \sqrt{x^2 - a^2} \qquad (|x| \geq |a|)$$

## Integrale trigonometrischer Funktionen

$$\int \sin ax \, \mathrm{d}x = -\frac{1}{a} \cos ax$$

$$\int \sin^2 ax \, \mathrm{d}x = \frac{1}{2}x - \frac{1}{4a} \sin 2ax$$

$$\int \sin^n ax \, \mathrm{d}x = -\frac{1}{na} \sin^{n-1} ax \cos ax + \frac{n-1}{n} \int \sin^{n-2} ax \, \mathrm{d}x \qquad (n \in \mathbb{N})$$

$$\int x \sin ax \, \mathrm{d}x = \frac{1}{a^2} \sin ax - \frac{1}{a} x \cos ax$$

$$\int x^n \sin ax \, \mathrm{d}x = -\frac{1}{a} x^n \cos ax + \frac{n}{a} \int x^{n-1} \cos ax \, \mathrm{d}x \qquad (n \in \mathbb{N})$$

$$\int \frac{1}{\sin ax} \, \mathrm{d}x = \frac{1}{a} \ln \left| \tan \frac{ax}{2} \right| \qquad (n \in \mathbb{N})$$

$$\int \frac{\mathrm{d}x}{\sin^n ax} = -\frac{\cos ax}{a(n-1) \sin^{n-1} ax} + \frac{n-2}{n-1} \int \frac{\mathrm{d}x}{\sin^{n-2} ax} \qquad (n > 1)$$

$$\int \cos ax \, \mathrm{d}x = \frac{1}{a} \sin ax$$

$$\int \cos^2 ax \, \mathrm{d}x = \frac{1}{2}x + \frac{1}{4a} \sin 2ax$$

$$\int \cos^n ax \, \mathrm{d}x = \frac{1}{na} \sin ax \cos^{n-1} ax + \frac{n-1}{n} \int \cos^{n-2} ax \, \mathrm{d}x$$

$$\int x^n \cos ax \, \mathrm{d}x = \frac{1}{a} x^n \sin ax - \frac{n}{a} \int x^{n-1} \sin ax \, \mathrm{d}x$$

$$\int \frac{\mathrm{d}x}{\cos ax} = \frac{1}{a} \ln \left| \tan \left( \frac{ax}{2} + \frac{\pi}{4} \right) \right|$$

$$\int \frac{\mathrm{d}x}{\cos^n ax} = \frac{1}{n-1}\left[\frac{\sin ax}{a\cos^{n-1} ax} + (n-2)\int \frac{\mathrm{d}x}{\cos^{n-2} ax}\right] \qquad (n > 1)$$

$$\int \sin ax \cos ax \,\mathrm{d}x = \frac{1}{2a}\sin^2 ax$$

$$\int \tan ax \,\mathrm{d}x = -\frac{1}{a}\ln|\cos ax|$$

$$\int \tan^n ax \,\mathrm{d}x = \frac{1}{a(n-1)}\tan^{n-1} ax - \int \tan^{n-2} ax \,\mathrm{d}x \qquad (n \neq 1)$$

$$\int \cot ax \,\mathrm{d}x = \frac{1}{a}\ln|\sin ax|$$

$$\int \cot^n ax \,\mathrm{d}x = -\frac{1}{a(n-1)}\cot^{n-1} ax - \int \cot^{n-2} ax \,\mathrm{d}x \qquad (n \neq 1)$$

## Integrale von Exponential- und Logarithmusfunktionen

$$\int \mathrm{e}^{ax}\,\mathrm{d}x = \frac{1}{a}\mathrm{e}^{ax}$$

$$\int x^n \mathrm{e}^{ax}\,\mathrm{d}x = \frac{1}{a}x^n\mathrm{e}^{ax} - \frac{n}{a}\int x^{n-1}\mathrm{e}^{ax}\,\mathrm{d}x$$

$$\int \ln ax \,\mathrm{d}x = x\ln ax - x$$

$$\int \frac{\ln^n x}{x}\,\mathrm{d}x = \frac{1}{n+1}\ln^{n+1} x$$

$$\int \frac{1}{a+b\cdot\mathrm{e}^{cx}}\,\mathrm{d}x = \frac{x}{a} - \frac{1}{ac}\ln\left(a+b\cdot\mathrm{e}^{cx}\right)$$

## Bestimmtes Integral

Die Fläche $A$, die im Intervall $[a, b]$ zwischen der $x$-Achse und dem Graphen der beschränkten Funktion $f$ liegt, kann näherungsweise durch Summanden der Form

$$\sum_{i=1}^{n} f(\xi_i^{(n)}) \cdot \left[x_i^{(n)} - x_{i-1}^{(n)}\right]$$

gebildet werden, wobei $a = x_0^{(n)} \leq x_1^{(n)} \leq \ldots \leq x_n^{(n)} = b$ gilt und $\xi_i^{(n)} \in [x_{i-1}^{(n)}, x_i^{(n)}]$ willkürlich gewählt werden. Durch Grenzübergang für $n \to \infty$ und $x_i^{(n)} - x_{i-1}^{(n)} \to 0$ entsteht unter gewissen Voraussetzungen das *bestimmte Integral* der Funktion $f$ über dem Intervall $[a, b]$, das gleich der Maßzahl der Fläche $A$ ist: $\boxed{\int_a^b f(x)\,\mathrm{d}x = A}$

*Eigenschaften und Rechenregeln*

$$\int_a^a f(x)\,\mathrm{d}x = 0 \qquad \int_a^b f(x)\,\mathrm{d}x = -\int_b^a f(x)\,\mathrm{d}x$$

$$\int_a^b [f(x) \pm g(x)]\,\mathrm{d}x = \int_a^b f(x)\,\mathrm{d}x \pm \int_a^b g(x)\,\mathrm{d}x$$

$$\int_a^b \lambda f(x)\,\mathrm{d}x = \lambda \int_a^b f(x)\,\mathrm{d}x, \qquad \lambda \in \mathbb{R}$$

$$\int_a^b f(x)\,\mathrm{d}x = \int_a^c f(x)\,\mathrm{d}x + \int_c^b f(x)\,\mathrm{d}x$$

$$\left|\int_a^b f(x)\,\mathrm{d}x\right| \leq \int_a^b |f(x)|\,\mathrm{d}x, \qquad a < b$$

Ist $f$ stetig auf $[a, b]$, so ist $\int_a^x f(t)\,\mathrm{d}t$ für $x \in [a, b]$ eine differenzierbare Funktion:

$$\boxed{F(x) = \int_a^x f(t)\,\mathrm{d}t \quad \Longrightarrow \quad F'(x) = f(x)}$$

*Hauptsatz der Differenzial- und Integralrechnung*

Ist $f$ auf $[a, b]$ stetig und $F$ eine Stammfunktion von $f$ auf $[a, b]$, so gilt

$$\int_a^b f(x)\,\mathrm{d}x = F(b) - F(a)$$

## Uneigentliche Integrale

*Unbeschränkter Integrand*

Die Funktion $f$ habe an der Stelle $x = b$ eine Polstelle und sei beschränkt und integrierbar über jedem Intervall $[a, b-\varepsilon]$ mit $0 < \varepsilon < b-a$. Wenn das Integral von $f$ über $[a, b-\varepsilon]$ für $\varepsilon \to 0$ einen Grenzwert besitzt, wird dieser *uneigentliches Integral* von $f$ über $[a, b]$ genannt:

$$\int_a^b f(x)\,\mathrm{d}x = \lim_{\varepsilon \to +0} \int_a^{b-\varepsilon} f(x)\,\mathrm{d}x.$$

Ist $x = a$ eine Polstelle von $f$, so gilt analog:

$$\int_a^b f(x)\,\mathrm{d}x = \lim_{\varepsilon \to +0} \int_{a+\varepsilon}^b f(x)\,\mathrm{d}x.$$

*Unbeschränktes Intervall*

Die Funktion $f$ sei für $x \geq a$ definiert und über jedem Intervall $[a, b]$ integrierbar. Wenn der Grenzwert des Integrals von $f$ über $[a, b]$ für $b \to \infty$ existiert, so wird er *uneigentliches Integral* von $f$ über $[a, \infty)$ genannt (analog für $a \to -\infty$):

$$\int_a^\infty f(x)\,\mathrm{d}x = \lim_{b \to \infty} \int_a^b f(x)\,\mathrm{d}x,$$

$$\int_{-\infty}^b f(x)\,\mathrm{d}x = \lim_{a \to -\infty} \int_a^b f(x)\,\mathrm{d}x.$$

## Parameterintegrale

Ist $f(x,t)$ für $a \leq x \leq b$, $c \leq t \leq d$ für festes $t$ bezüglich $x$ über $[a,b]$ integrierbar, so ist

$$F(t) = \int_a^b f(x,t)\,\mathrm{d}x$$

eine Funktion von $t$, die als *Parameterintegral* (mit dem Parameter $t$) bezeichnet wird.

*Differenziation unter dem Integralzeichen*

Ist $f$ nach $t$ partiell differenzierbar und die partielle Ableitung $f_t$ stetig, so ist die Funktion $F$ (nach $t$) differenzierbar, und es gilt

$$\dot{F}(t) = \frac{\mathrm{d}F(t)}{\mathrm{d}t} = \int_a^b \frac{\partial f(x,t)}{\partial t}\,\mathrm{d}x.$$

*Parameterabhängige Integrationsgrenzen*

Sind $\varphi$ und $\psi$ zwei für $c \leq t \leq d$ differenzierbare Funktionen und ist $f(x,t)$ in dem Bereich $\varphi(t) < x < \psi(t)$, $c \leq t \leq d$ partiell nach $t$ differenzierbar mit stetiger partieller Ableitung, so ist das Parameterintegral über $f$ mit den Grenzen $\varphi(t)$ und $\psi(t)$ für $c \leq t \leq d$ nach $t$ differenzierbar, wobei gilt

$$F(t) = \int_{\varphi(t)}^{\psi(t)} f(x,t)\,\mathrm{d}x \quad \Longrightarrow$$

$$\dot{F}(t) = \int_{\varphi(t)}^{\psi(t)} \frac{\partial f(x,t)}{\partial t}\,\mathrm{d}x + f(\psi(t),t)\dot{\psi}(t) - f(\varphi(t),t)\dot{\varphi}(t)$$

*Spezialfall: Ableitung nach oberer Integrationsgrenze*

$$F(x) = \int_0^x f(\xi)\,\mathrm{d}\xi \quad \Longrightarrow \quad F'(x) = f(x)$$

## Numerische Berechnung bestimmter Integrale

Um das Integral $I = \int_a^b f(x)\,\mathrm{d}x$ näherungsweise numerisch zu berechnen, wird das Intervall $[a, b]$ in $n$ äquidistante Teilintervalle der Länge $h = \frac{b-a}{n}$ geteilt, wodurch sich die Punkte $a = x_0, x_1, \ldots, x_{n-1}, x_n = b$ ergeben; es gelte $y_i = f(x_i)$.

*Sehnen-Trapez-Formel:*

$$I \approx \frac{h}{2} \cdot [y_0 + y_n + 2\,(y_1 + y_2 + \ldots + y_{n-1})]$$

*Speziell für kleine Intervalle:* $n = 1$:

$$I \approx \frac{h}{2} \cdot [y_0 + y_1] = \frac{b-a}{2} \cdot [f(a) + f(b)]$$

*Tangenten-Trapez-Formel:* ($n$ gerade)

$$I \approx 2h \cdot [y_1 + y_3 + \ldots + y_{n-1}]$$

*Simpson-Regel:* ($n$ gerade)

$$I \approx \frac{h}{3} \cdot [y_0 + y_n + 4(y_1 + y_3 + \ldots + y_{n-1}) + 2(y_2 + y_4 + \ldots + y_{n-2})]$$

*Newton-Côtes-Formel:*

$$I \approx \sum_{i=0}^{n} w_i y_i \quad \text{mit} \quad w_i = \int_a^b L_i(x)\,\mathrm{d}x,$$

$$L_i(x) = \frac{(x-x_0)\cdots(x-x_{i-1})\cdot(x-x_{i+1})\cdots(x-x_n)}{(x_i-x_0)\cdots(x_i-x_{i-1})\cdot(x_i-x_{i+1})\cdots(x_i-x_n)}$$

$i$-tes Lagrange-Polynom

## Doppelintegrale

$I = \iint\limits_B f(x, y)\,\mathrm{d}b$ beschreibt das Volumen des „Zylinders" (der Säule) über dem Bereich $B = \{(x, y) \mid a \le x \le b,\ y_1(x) \le y \le y_2(x)\}$ der $(x, y)$-Ebene unter der Fläche $z = f(x, y)$; Vor.: $f(x, y) \ge 0$ ($\mathrm{d}b$ – Flächenelement).

*Flächenelemente*

| | |
|---|---|
| kartesische Koordinaten $x, y$ | $\mathrm{d}b = \mathrm{d}x\,\mathrm{d}y$ |
| Polarkoordinaten $r, \varphi$ ($r \geq 0,\ 0 \leq \varphi < 2\pi$) | $\mathrm{d}b = r\,\mathrm{d}r\,\mathrm{d}\varphi$ |
| allgemeine Koordinaten $u, v$ | $\mathrm{d}b = \dfrac{\partial(x,y)}{\partial(u,v)}\,\mathrm{d}u\,\mathrm{d}v$ |

Hierbei ist $\dfrac{\partial(x,y)}{\partial(u,v)} = \begin{vmatrix} x_u & x_v \\ y_u & y_v \end{vmatrix}$ die sog. *Funktionaldeterminante*, die als ungleich null vorausgesetzt wird.

*Berechnung über iterierte Integration*

$$I = \int\limits_a^b \left[ \int\limits_{y_1(x)}^{y_2(x)} f(x,y)\,\mathrm{d}y \right] \mathrm{d}x$$

Analog kann $I$ bez. des Bereichs $B_1 = \{(x,y) | x_1(y) \leq x \leq x_2(y), c \leq y \leq d\}$ berechnet werden; in diesem Fall ändert sich die Integrationsreihenfolge.

Ist speziell $B = \{(x,y) \,|\, a \leq x \leq b, c \leq y \leq d\}$ ein Rechteck, so gilt:

$$I = \int\limits_a^b \int\limits_c^d f(x,y)\,\mathrm{d}y\,\mathrm{d}x = \int\limits_c^d \int\limits_a^b f(x,y)\,\mathrm{d}x\,\mathrm{d}y$$

*Koordinatentransformation*

Allgemeine Transformation $x = x(u,v)$, $y = y(x,v)$:

$$I = \iint\limits_{B^*} f(x(u,v), y(u,v)) \frac{\partial(x,y)}{\partial(u,v)}\,\mathrm{d}u\,\mathrm{d}v$$

(Integrationsgrenzen gemäß Transformation ändern)

Spezialfall Polarkoordinaten $x = r\cos\varphi$, $y = r\sin\varphi$:

$$I = \iint\limits_B f(r\cos\varphi, r\sin\varphi)\,r\,\mathrm{d}r\,\mathrm{d}\varphi$$

## Dreifache Integrale

$$I = \iiint\limits_K f(x,y,z)\,\mathrm{d}k = \iiint\limits_K f(x,y,z)\,\mathrm{d}x\,\mathrm{d}y\,\mathrm{d}z;$$

$K = \{(x,y,z) \mid (x,y) \in B,\ z_1(x,y) \le z \le z_2(x,y)\}$ – Körper im $\mathbb{R}^3$ über dem Bereich $B = \{(x,y) \mid a \le x \le b,\ y_1(x) \le y \le y_2(x)\}$ der $(x,y)$-Ebene; $\mathrm{d}k$ – Volumenelement

*Berechnung über iterierte Integration*

$$I = \int\limits_a^b \left[ \int\limits_{y_1(x)}^{y_2(x)} \left( \int\limits_{z_1(x,y)}^{z_2(x,y)} f(x,y,z)\,\mathrm{d}z \right) \mathrm{d}y \right] \mathrm{d}x$$

Analog kann $I$ in der Reihenfolge $zxy$, $yzx$, $yxz$, $xzy$ bzw. $xyz$ berechnet werden, wenn der Körper $K$ entsprechend beschrieben ist.

$f(x,y,z) \equiv 1$: $I = \iiint\limits_K \mathrm{d}k$ – Volumen des Körpers $K$

*Koordinatentransformation*

Allgemeine Transformation:

$x = x(u,v,w)$, $y = y(x,v,w)$, $z = z(x,y,w)$:

$$I = \iiint\limits_{K^*} g(u,v,w) \frac{\partial(x,y,z)}{\partial(u,v,w)}\,\mathrm{d}u\,\mathrm{d}v\,\mathrm{d}w;$$

wobei $g(u,v,w) = f(x(u,v,w), y(u,v,w), z(u,v,w))$,

$$\frac{\partial(x,y,z)}{\partial(u,v,w)} = \begin{vmatrix} x_u & x_v & x_w \\ y_u & y_v & y_w \\ z_u & z_v & z_w \end{vmatrix}$$ – Funktionaldeterminante (Vor.: $\neq 0$)

(Integrationsgrenzen gemäß Transformation ändern)

Transformation kartesischer in Zylinderkoordinaten:

$x = r\cos\varphi,\ y = r\sin\varphi,\ z = z$
$(r \geq 0,\ 0 \leq \varphi < 2\pi)$

$$I = \iiint\limits_{K^*} f(r\cos\varphi, r\sin\varphi)\, r\, \mathrm{d}r\, \mathrm{d}\varphi\, \mathrm{d}z$$

Transformation kartesischer in Kugelkoordinaten:

$x = r\sin\vartheta\cos\varphi,\ y = r\sin\vartheta\sin\varphi,\ z = r\cos\vartheta$
$(r \geq 0,\ -\pi < \varphi \leq \pi,\ 0 \leq \vartheta \leq \pi)$

$$I = \iiint\limits_{K^*} g(r,\vartheta,\varphi)\, r^2 \sin\vartheta\, \mathrm{d}r\, \mathrm{d}\varphi\, \mathrm{d}z$$

wobei gilt

$$g(r,\vartheta,\varphi) = f(r\sin\vartheta\cos\varphi, r\sin\vartheta\sin\varphi, r\cos\vartheta)$$

*Volumenelemente*

| | |
|---|---|
| kartesische Koord. $x, y, z$ | $\mathrm{d}k = \mathrm{d}x\, \mathrm{d}y\, \mathrm{d}z$ |
| Zylinderkoordinaten $r, \varphi, z$ | $\mathrm{d}k = r\, \mathrm{d}r\, \mathrm{d}\varphi\, \mathrm{d}z$ |
| Kugelkoordinaten $r, \vartheta, \varphi$ | $\mathrm{d}k = r^2 \sin\vartheta\, \mathrm{d}r\, \mathrm{d}\vartheta\, \mathrm{d}\varphi$ |
| allgemeine Koord. $u, v, w$ | $\mathrm{d}k = \dfrac{\partial(x,y,z)}{\partial(u,v,w)} \mathrm{d}u\, \mathrm{d}v\, \mathrm{d}w$ |

*Spezielles Dreifachintegral bei festen Grenzen*

$$\int\limits_a^b \int\limits_c^d \int\limits_e^f f(x) \cdot g(y) \cdot h(z)\, \mathrm{d}x\, \mathrm{d}y\, \mathrm{d}z = \int\limits_a^b f(x)\, \mathrm{d}x \cdot \int\limits_c^d g(y)\, \mathrm{d}y \cdot \int\limits_e^f h(z)\, \mathrm{d}z$$

WWW.VIEWEGTEUBNER.DE

# Mathematik mit Spaß: Mathe-Manga!

Shin Takahashi

**Mathe-Manga Statistik**

**2009. X, 189 S. Br. EUR 19,90**
**ISBN 978-3-8348-0566-9**

:atistik ist trocken und macht keinen Spaß? Falsch! Mit diesem Manga lernt man e Grundlagen der Statistik kennen, kann sie in zahlreichen Aufgaben anwenden id anhand der Lösungen seinen Lernfortschritt überprüfen - und hat auch noch ne Menge Spaß dabei!

gentlich will die Schülerin Rui nur einen Arbeitskollegen ihres Vaters beein- ucken und nimmt daher Nachhilfe in Statistik. Doch schnell bemerkt auch sie, e interessant Statistik sein kann, wenn man beispielsweise Statistiken über udelsuppen erstellt. Nur ihren Lehrer hatte sich Rui etwas anders vorgestellt, scheint ein langweiliger Streber zu sein - oder?

Änderungen vorbehalten. Erhältlich im Buchhandel oder beim Verlag.

nfach bestellen: buch@viewegteubner.de
lefax +49(0)611.7878-420

:CHNIK BEWEGT.

VIEWEG+ TEUBNER

## Anwendungen der Integralrechnung

| | |
|---|---|
| Flächeninhalt eines ebenen Bereichs $B$ | $A = \iint\limits_B \mathrm{d}b$ |
| Masse mit Flächen-Massendichte $\varrho$ | $M = \iint\limits_B \varrho(x,y)\,\mathrm{d}b$ |
| Volumen des „Zylinders" zwischen ebenem Bereich $B$ und Fläche $z = f(x,y)$ | $V = \iint\limits_B f(x,y)\,\mathrm{d}b$ |
| Schwerpunktkoordinaten einer Fläche mit Massendichte $\varrho$ | $x_s = \frac{1}{M} \iint\limits_B x\,\varrho(x,y)\,\mathrm{d}b$<br>$y_s = \frac{1}{M} \iint\limits_B y\,\varrho(x,y)\,\mathrm{d}b$ |
| Schwerpunktkoordinaten einer homogenen Fläche | $x_s = \frac{1}{A} \iint\limits_B x\,\mathrm{d}b$<br>$y_s = \frac{1}{A} \iint\limits_B y\,\mathrm{d}b$ |
| Trägheitsmomente bez. der Koordinatenachsen: ebene Fläche | $J_x = \iint\limits_B y^2\,\varrho(x,y)\,\mathrm{d}b$<br>$J_y = \iint\limits_B x^2\,\varrho(x,y)\,\mathrm{d}b$ |
| *homogene Fläche* | setze $\varrho(x,y) \equiv 1$ |
| Volumen eines Rotationskörpers bei Rotation der Kurve $y(x)$ um die $x$-Achse | $V = \pi \int\limits_a^b y^2(x)\,\mathrm{d}x$ |

*Satz von Steiner:* $\boxed{J_A = a^2 M + J_S}$

($a$ – Abstand zwischen Achse $A$ und Schwerpunkt, $S$ – zu $A$ parallele Achse durch Schwerpunkt)

| | |
|---|---|
| Volumen eines Körpers | $V = \iiint\limits_K \mathrm{d}x\,\mathrm{d}y\,\mathrm{d}z$ |
| Masse eines Körpers mit Massendichte $\varrho$ | $M = \iiint\limits_K \varrho(x,y,z)\,\mathrm{d}x\,\mathrm{d}y\,\mathrm{d}z$ |
| Schwerpunktkoordinaten eines Körpers mit Massendichte $\varrho$ | $x_s = \frac{1}{M}\iiint\limits_K \varrho(x,y,z)x\,\mathrm{d}k$<br>$y_s = \frac{1}{M}\iiint\limits_K \varrho(x,y,z)y\,\mathrm{d}k$<br>$z_s = \frac{1}{M}\iiint\limits_K \varrho(x,y,z)z\,\mathrm{d}k$ |
| Schwerpunktkoordinaten eines homogenen Körpers | $x_s = \frac{1}{V}\iiint\limits_K x\,\mathrm{d}k$<br>$y_s = \frac{1}{V}\iiint\limits_K y\,\mathrm{d}k$<br>$z_s = \frac{1}{V}\iiint\limits_K z\,\mathrm{d}k$ |
| Trägheitsmoment eines Körpers bez. beliebiger Achse $A$ | $J_A = \iiint\limits_K r_A^2\,\varrho(x,y,z)\,\mathrm{d}k$<br>($r_A$ Abstand von $A$) |
| Trägheitsmomente bezüglich der Koordinatenachsen | $J_x = \iiint\limits_K (y^2+z^2)\,\varrho(x,y,z)\,\mathrm{d}k$<br>$J_y = \iiint\limits_K (x^2+z^2)\,\varrho(x,y,z)\,\mathrm{d}k$<br>$J_z = \iiint\limits_K (x^2+y^2)\,\varrho(x,y,z)\,\mathrm{d}k$ |
| *homogener Körper* | setze $\varrho(x,y,z) \equiv 1$ |

*Satz von Steiner:* $\boxed{J_A = a^2 V + J_S}$

($a$ – Abstand zwischen Achse $A$ und Schwerpunkt, $S$ – zu $A$ parallele Achse durch Schwerpunkt)

# Differenzialgleichungen

## Gewöhnliche DGL $n$-ter Ordnung

| | | |
|---|---|---|
| $F(x, y, y', \ldots, y^{(n)}) = 0$ | – | implizite Form |
| $y^{(n)} = f(x, y, y', \ldots, y^{(n-1)})$ | – | explizite Form |

Jede $n$-mal stetig differenzierbare Funktion $y(x)$, die die obige Differenzialgleichung für alle $x$, $a \leq x \leq b$, erfüllt, heißt *(spezielle) Lösung* der gewöhnlichen Differenzialgleichung im Intervall $[a, b]$ (möglich: $a = -\infty$, $b = +\infty$). Die Gesamtheit aller Lösungen einer DGL oder eines Systems von DGL wird als *allgemeine Lösung* bezeichnet.

Sind an einer Stelle (z. B. $x = a$) zusätzliche Bedingungen an die Lösung gestellt, so spricht man von einem *Anfangswertproblem*. Sind zusätzliche Bedingungen an den Stellen $a$ und $b$ einzuhalten, liegt ein *Randwertproblem* vor.

*System gewöhnlicher Differenzialgleichungen*: Für mehrere unbekannte Funktionen sind mehrere Gleichungen gegeben, die deren Ableitungen enthalten.

## Differenzialgleichungen erster Ordnung

| | |
|---|---|
| $y' = f(x, y)$ | oder |
| $P(x, y) + Q(x, y)y' = 0$ | oder |
| $P(x, y)\,\mathrm{d}x + Q(x, y)\,\mathrm{d}y = 0$ | |

Ordnet man jedem Punkt der $x, y$-Ebene die durch die Größe $f(x, y)$ gegebene Tangentenrichtung der Lösungskurven zu, so entsteht das *Richtungsfeld*. Die Kurven gleicher Richtungen des Richtungsfeldes sind die *Isoklinen*.

*Separierbare Differenzialgleichungen*

Besitzt eine Differenzialgleichung die Form

$$y' = r(x)s(y) \quad \text{bzw.} \quad P(x) + Q(y)y' = 0$$

$$\text{bzw.} \quad P(x)\,\mathrm{d}x + Q(y)\,\mathrm{d}y = 0.$$

so kann sie stets mittels *Trennung der Variablen*, d. h. Ersetzen von $y'$ durch $\frac{\mathrm{d}y}{\mathrm{d}x}$ und Umordnen, in die Form

$$R(x)\,\mathrm{d}x = S(y)\,\mathrm{d}y$$

gebracht werden. Durch „formales Integrieren“ erhält man daraus die allgemeine Lösung:

$$\int R(x)\mathrm{d}x = \int S(y)\mathrm{d}y \quad \Longrightarrow \quad \varphi(x) = \psi(y) + C$$

*Lineare DGL erster Ordnung*

$$y' + a(x)y = r(x)$$

$r(x) \not\equiv 0$ – inhomogene DGL,
$r(x) \equiv 0$ – homogene DGL

Die allgemeine Lösung ist die Summe aus der allgemeinen Lösung $y_h$ der zugehörigen homogenen Differenzialgleichung und einer speziellen Lösung $y_s$ der inhomogenen Differenzialgleichung:

$$y(x) = y_h(x) + y_s(x)$$

*Allgemeine Lösung der homogenen DGL:* Die allgemeine Lösung $y_h(x)$ von $y' + a(x)y = 0$ wird durch Trennung der Variablen ermittelt. Das Ergebnis lautet

$$y_h(x) = C\mathrm{e}^{-\int a(x)\,\mathrm{d}x}, \quad C = \text{const}$$

*Spezielle Lösung der inhomogenen DGL:* Eine spezielle Lösung $y_s(x)$ von $y' + a(x)y = r(x)$ erhält man nach

Lösen der zugehörigen homogenen DGL durch *Variation der Konstanten* in derselben, d. h. vermittels des Ansatzes $y_s(x) = C(x) \cdot \mathrm{e}^{-\int a(x)\,\mathrm{d}x}$. Für $C(x)$ ergibt sich

$$\boxed{C(x) = \int r(x) \cdot \mathrm{e}^{\int a(x)\,\mathrm{d}x}\,\mathrm{d}x}$$

## Lineare Differenzialgleichungen $n$-ter Ordnung

$$\boxed{a_n(x)y^{(n)} + \ldots + a_1(x)y' + a_0(x)y = r(x), \;\; a_n(x) \not\equiv 0}$$

Die allgemeine Lösung der inhomogenen DGL ($r(x) \not\equiv 0$) ergibt sich aus der Summe der allgemeinen Lösung $y_h$ der zugehörigen homogenen DGL ($r(x) \equiv 0$) und einer speziellen Lösung $y_s$ der inhomogenen DGL:

$$\boxed{y(x) = y_h(x) + y_s(x)}$$

*Allgemeine Lösung der homogenen DGL*

Sind alle Koeffizientenfunktionen $a_k$ stetig, so existiert ein *Fundamentalsystem* von $n$ Funktionen $y_1, \ldots, y_n$ derart, dass die allgemeine Lösung $y_h(x)$ der zugehörigen homogenen DGL folgende Form hat:

$$\boxed{y_h(x) = C_1 y_1(x) + C_2 y_2(x) + \ldots + C_n y_n(x)}$$

Die Funktionen $y_1, \ldots, y_n$ bilden genau dann ein Fundamentalsystem, wenn jede dieser Funktionen $y_k$ Lösung der homogenen DGL ist und wenn es mindestens ein $x_0 \in \mathbb{R}$ gibt, für das die *Wronski-Determinante*

$$W(x) = \begin{vmatrix} y_1(x) & y_2(x) & \ldots & y_n(x) \\ y_1'(x) & y_2'(x) & \ldots & y_n'(x) \\ \vdots & \vdots & \ddots & \vdots \\ y_1^{(n-1)}(x) & y_2^{(n-1)}(x) & \ldots & y_n^{(n-1)}(x) \end{vmatrix}$$

ungleich null ist. Sie lassen sich durch das Lösen der folgenden $n$ Anfangswertprobleme gewinnen ($k=1,\ldots,n$):

$$a_n(x)y_k^{(n)}+\ldots+a_1(x)y_k'+a_0(x)y_k = 0,$$

$$y_k^{(i)}(x_0)=\begin{cases} 0, & i \neq k-1 \\ 1, & i = k-1 \end{cases} \qquad i = 0,1,\ldots,n-1$$

*Erniedrigung der Ordnung einer DGL*: Kennt man eine spezielle Lösung $\widehat{y}$ der homogenen DGL $n$-ter Ordnung, kann man mittels der Substitution $y(x) = \widehat{y}(x)\int z(x)\,\mathrm{d}x$ die Ordnung der DGL um eins erniedrigen.

*Spezielle Lösung der inhomogenen DGL*

Ist $\{y_1,\ldots,y_n\}$ ein Fundamentalsystem, so erhält man über den Ansatz

$$y_s(x) = C_1(x)y_1(x) + \ldots + C_n(x)y_n(x)$$

mittels *Variation der Konstanten* eine spezielle Lösung der inhomogenen DGL, indem man die Ableitungen der Funktionen $C_1,\ldots,C_n$ als Lösungen des linearen Gleichungssystems

$$\begin{array}{rcl}
y_1C_1' + y_2C_2' + \ldots + y_nC_n' &=& 0 \\
y_1'C_1' + y_2'C_2' + \ldots + y_n'C_n' &=& 0 \\
\multicolumn{3}{c}{\cdots\cdots\cdots\cdots\cdots\cdots\cdots\cdots} \\
y_1^{(n-2)}C_1' + y_2^{(n-2)}C_2' + \ldots + y_n^{(n-2)}C_n' &=& 0 \\
y_1^{(n-1)}C_1' + y_2^{(n-1)}C_2' + \ldots + y_n^{(n-1)}C_n' &=& \dfrac{r(x)}{a_n(x)}
\end{array}$$

bestimmt; anschließend werden die Funktionen $C_i$ durch Integration berechnet.

*Lineare DGL mit konstanten Koeffizienten*

$$a_n y^{(n)} + \ldots + a_1 y' + a_0 = r(x), \qquad a_0, \ldots, a_n \in \mathbb{R}$$

Die allgemeine Lösung ergibt sich aus der Summe der allgemeinen Lösung der zugehörigen homogenen DGL und einer speziellen Lösung der inhomogenen DGL:

$$y(x) = y_h(x) + y_s(x)$$

*Allgemeine Lösung der homogenen DGL*

Die Funktionen $y_1, \ldots, y_n$ des Fundamentalsystems werden über den Ansatz $\boxed{y = \mathrm{e}^{\lambda x}}$ bestimmt. Die $n$ Werte $\lambda_1, \ldots, \lambda_n$ seien die Nullstellen des charakteristischen Polynoms, d. h. Lösungen der *charakteristischen Gleichung*

$$a_n \lambda^n + \ldots + a_1 \lambda + a_0 = 0$$

Zu den $n$ Nullstellen $\lambda_k$ der charakteristischen Gleichung lassen sich die $n$ Funktionen des Fundamentalsystems gemäß folgender Tabelle bestimmen:

| Art und Ordnung der Nullstelle | Funktionen des Fundamentalsystems |
|---|---|
| $\lambda_k$ reell, einfach | $\mathrm{e}^{\lambda_k x}$ |
| $\lambda_k$ reell, $p$-fach | $\mathrm{e}^{\lambda_k x},\ x\mathrm{e}^{\lambda_k x}, \ldots,\ x^{p-1}\mathrm{e}^{\lambda_k x}$ |
| $\lambda_k = a \pm b\mathrm{i}$<br>konjugiert komplex, einfach | $\mathrm{e}^{ax}\sin bx,\ \mathrm{e}^{ax}\cos bx$ |
| $\lambda_k = a \pm b\mathrm{i}$<br>konjugiert komplex, $p$-fach | $\mathrm{e}^{ax}\sin bx,\ x\mathrm{e}^{ax}\sin bx, \ldots,$<br>$x^{p-1}\mathrm{e}^{ax}\sin bx, \mathrm{e}^{ax}\cos bx,$<br>$x\mathrm{e}^{ax}\cos bx, \ldots,\ x^{p-1}\mathrm{e}^{ax}\cos bx$ |

Die allgemeine Lösung $y_h$ der homogenen DGL ist

$$\boxed{y_h(x) = C_1 y_1(x) + C_2 y_2(x) + \ldots + C_n y_n(x)}$$

*Spezielle Lösung der inhomogenen DGL*

Besitzt die Inhomogenität $r$ eine einfache Struktur, so kann $y_s$ durch einen Ansatz gemäß nachstehender Tabelle bestimmt werden:

| $r(x)$ | Ansatz für $y_s(x)$ |
|---|---|
| $A_m x^m + \ldots + A_1 x + A_0$ | $b_m x^m + \ldots + b_1 x + b_0$ |
| $A\mathrm{e}^{\alpha x}$ | $a\mathrm{e}^{\alpha x}$ |
| $A \sin \omega x$ od. $B \cos \omega x$ od. $A \sin \omega x + B \cos \omega x$ | $a \sin \omega x + b \cos \omega x$ |
| Kombination obiger Funkt. | Kombinat. der Ansätze |

*Resonanzfall:* Ist ein Summand des Ansatzes Lösung der homogenen DGL, so wird der Ansatz so oft mit $x$ multipliziert, bis kein Summand mehr Lösung der homogenen DGL ist.

*Euler'sche Differenzialgleichung*

Haben in der allgemeinen linearen Differenzialgleichung $n$-ter Ordnung die Koeffizientenfunktionen die Gestalt $a_k(x) = a_k x^k$, $a_k \in \mathbb{R}$, $k = 0, 1, \ldots, n$, so erhält man

$$\boxed{a_n x^n y^{(n)} + \ldots + a_1 x y' + a_0 y \;=\; r(x)}$$

Die Substitution $x = \mathrm{e}^{\xi}$ führt auf eine lineare DGL mit konstanten Koeffizienten für die Funktion $y(\xi)$. Deren *charakteristische Gleichung* lautet

$$\boxed{a_n \lambda(\lambda-1)\cdots(\lambda-n+1) + \ldots + a_2 \lambda(\lambda-1) + a_1 \lambda + a_0 = 0}$$

## Lineare Systeme erster Ordnung mit konstanten Koeffizienten

$$\begin{aligned} y_1' &= a_{11}y_1 + \ldots + a_{1n}y_n + r_1(x) \\ &\cdots\cdots\cdots\cdots\cdots\cdots \qquad\qquad a_{ij} \in \mathbb{R} \\ y_n' &= a_{n1}y_1 + \ldots + a_{nn}y_n + r_n(x) \end{aligned}$$

Die allgemeine Lösung hat die Form $\vec{y}(x) = \vec{y_h}(x) + \vec{y_s}(x)$, wobei $\vec{y_h}$ die allgemeine Lösung des homogenen Systems $\vec{y}\,' = A\vec{y}$ und $\vec{y_s}$ eine spezielle Lösung des inhomogenen Systems $\vec{y}\,' = A\vec{y} + \vec{r}$ ist.

*Allgemeine Lösung des homogenen Systems*

**Fall 1** $A$ ist diagonalisierbar und hat nur reelle Eigenwerte $\lambda_k$, $k = 1, \ldots, n$ (mehrfache Eigenwerte werden entsprechend mehrfach gezählt); $\vec{v_k}$ seien die zugehörigen reellen Eigenvektoren. Dann lautet die allgemeine Lösung des homogenen Systems

$$\boxed{\vec{y_h}(x) = C_1 e^{\lambda_1 x}\vec{v_1} + \ldots + C_n e^{\lambda_n x}\vec{v_n}}$$

**Fall 2** $A$ ist diagonalisierbar und hat konjugiert komplexe Eigenwerte $\lambda_k = \alpha + \beta i$, $\lambda_{k+1} = \alpha - \beta i$ mit zugehörigen Eigenvektoren $\vec{v_k} = \vec{a} + \vec{b}\,i$, $\overrightarrow{v_{k+1}} = \vec{a} - \vec{b}\,i$. Dann sind in der allgemeinen Lösung $\vec{y_h}$ die Terme mit den Indizes $k$ und $k+1$ wie folgt zu ersetzen:

$$\boxed{\begin{aligned} \vec{y_h}(x) = \ldots &+ C_k e^{\alpha x}(\vec{a}\cos\beta x - \vec{b}\sin\beta x) \\ &+ C_{k+1} e^{\alpha x}(\vec{a}\sin\beta x + \vec{b}\cos\beta x) + \ldots \end{aligned}}$$

**Fall 3** $A$ ist nicht diagonalisierbar (komplizierter).

*Spezielle Lösung des inhomogenen Systems*

Eine spezielle Lösung $\vec{y_s}$ kann durch Variation der Konstanten oder mittels geeigneter Ansatzfunktionen ermittelt werden.